Couverture inférieure manquante

GÉOGRAPHIE

HISTORIQUE, BIOGRAPHIQUE ET STATISTIQUE

DU DÉPARTEMENT DU VAR

COMMUNE DE FRÉJUS

PAR

M. Octave TEISSIER

Correspondant du Ministère de l'Instruction publique pour les travaux historiques

TOULON
IMPRIMERIE HYACINTHE VINCENT, RUE NEUVE, 20

1864

NOTICE HISTORIQUE

SUR LA COMMUNE DE FRÉJUS

ET SUR SON ÉVÊCHÉ

I

STATISTIQUE

Fréjus, chef-lieu de canton et siége d'un très-ancien évêché, est situé sur le Reyran, à vingt-neuf kilomètres sud-est de Draguignan, et à vingt-une heures de Paris par le chemin de fer. Cette commune est desservie par la route impériale n° 97, de Toulon à Antibes ; par deux routes départementales, n° 2 et 7, de Draguignan à Saint-Raphaël et de Lorgues à Fréjus, et par deux chemins de grande communication, n°s 4 et 7, de Saint-Raphaël à la Montagne et de Roquebrune à Cavalaire. — Sa superficie est de 10,378 hectares. — Le terrain en est généralement volcanique et granitique, et renferme des indices de mines de houille. Ses forêts couvrent une superficie totale de 3,997 hectares, dont 300 hectares de bois communaux, composés en grande partie, comme le surplus, de pins maritimes et de pins d'Alep. Le territoire de Fréjus est arrosé par l'Argens et par le Reyran. Ses principales cultures sont les céréales, les fourrages, l'olivier et la vigne. L'industrie y est peu développée ; on y compte cependant quelques tuileries et un assez grand nombre d'ateliers où l'on façonne les roseaux destinés à la fabrication des tissus. — Il y a, à Fréjus, deux foires, l'une le 6 octobre et l'autre le 15 décembre, et deux marchés par semaine, le lundi et le jeudi. La population de la commune est de 2,887 habitants ; ses revenus ordinaires s'élèvent à 27,900 fr., et ses recettes extraordinaires à 11,000 fr. Les revenus ordinaires de l'hospice sont de 8,800 fr. environ. — Fréjus possède un tribunal de commerce dont la juridiction s'étend au canton de Fayence, et une bibliothèque publique de 5,000 volumes, parmi lesquels on cite plusieurs ouvrages très-anciens, relatifs à l'histoire ecclésiastique.

II

NOTICE HISTORIQUE

Avant l'arrivée des Romains dans les Gaules, la ville appelée aujourd'hui Fréjus faisait partie du territoire des Ligaunes, peuplade celto-ligurienne située entre les Oxibiens et les Décéates. On ignore le nom qu'elle portait à cette époque, mais on sait qu'elle fut une des premières villes occupées par le peuple conquérant. Jules-César y fit construire divers édifices, et notamment un *Forum*, d'où lui est venu le nom de *Forum-Julii*, et plus tard celui de Fréjuls et enfin Fréjus. Pline l'appelle *Colonia Octavanorum*, à cause de la 8ᵉ légion qui y tenait garnison, et Tacite, dans la *Vie d'Agricola*, la qualifie d'ancienne et illustre colonie : *vetus et illustris colonia*.

Fréjus fut décoré de nombreux monuments sous les successeurs de Jules-César. Auguste y fit bâtir un amphithéâtre, un gymnase, un palais, des bains et un magnifique aqueduc, qui allait prendre, à plus de trente milles de distance, les eaux de la Siagne.

Cette cité importante fut sans doute pourvue d'un siége épiscopal dès les premiers siècles de l'établissement du christianisme ; cependant on ignore les noms des prédécesseurs du prêtre Acceptus, qui fut élu évêque en 374, et qui, par modestie, refusa cette dignité.

Les Lombards envahirent Fréjus vers l'an 575, et désolèrent la ville au point de forcer l'évêque Epiphane à se réfugier à Marseille. L'œuvre de destruction, commencée par ces barbares, fut achevée, dans les siècles suivants, par les Sarrasins. En 973, l'ancienne et splendide cité romaine était réduite en solitude ; ce sont les termes dont se servit l'évêque Riculfe, quand il voulut faire connaître la situation de son diocèse au comte de Provence : *Namque civitas Foro-Juliensis acerbitate Sarracenorum destructa, atque in solitudinem fuit redacta, habitatoresque ejus interfecti, seu timore longius effugati.* (GALLIA CHRISTIANA, t. Ier, *Instrumenta*, fol. 82).

Encouragé par la protection et les libéralités du comte de Provence, Riculfe entreprit de réédifier la ville de Fréjus. Il la fit entourer de remparts d'un périmètre moins étendu que jadis. Il y appela la population qui s'était dispersée au loin (*longius effugati*), et commença la construction de cette grande et sombre cathédrale qui est demeurée debout, à travers les siècles, pour perpétuer le souvenir du restaurateur de Fréjus.

La nouvelle ville ne prit jamais un grand développement, soit à cause de l'ensablement de son port, soit à cause des pirates dont elle était sans cesse menacée, et qui apportèrent bien souvent la désolation dans la cité épiscopale. On voit, par les délibérations du conseil communal de Draguignan, des années 1382 et 1428, que les syndics de cette ville étaient dans l'usage d'envoyer des hommes et des munitions de guerre à Fréjus, dès qu'ils étaient avertis de la présence d'une flotte algérienne ou catalane dans les parages de ce port; mais, en 1475, cet avis ne put pas être donné, car la ville fut surprise inopinément, dans une circonstance qui mérite d'être rapportée. — Sixte IV avait interdit l'église de Fréjus, parce que les chanoines s'étaient refusés à reconnaître un évêque nommé par lui, sans la participation du chapitre, et sans le consentement du comte de Provence. Or, le Dimanche des Rameaux, pendant que les Fréjussiens privés de leur église, étaient allés entendre la messe dans les villages voisins, des corsaires s'introduisirent dans la place, la livrèrent au pillage, et ne s'en éloignèrent qu'après avoir commis les plus grands désordres.

La pauvre ville était à peine remise de cette catastrophe, que la peste l'atteignit et y fit d'affreux ravages, mais bientôt, dit l'historien de Fréjus, elle fut miraculeusement délivrée par l'intercession de Saint-François-de-Paule. C'était en 1482. Le Saint fondateur de l'ordre des Mineurs, appelé en France par Louis XI, débarqua près de Fréjus, et, le jour même de son arrivée dans cette Ville le fléau cessa. — C'est en mémoire de ce miracle que, chaque année, on célèbre à Fréjus, la fête de Saint-François-de-Paule avec une très grande pompe.

Pendant le XVIe Siècle, la ville de Fréjus n'échappa à aucun des malheurs dont la Provence fut affligée, invasions étrangères, troubles religieux, guerre civile, rien ne lui fut épargné : en 1524, passage de l'armée du connétable de Bourbon; en 1536, pillage de la ville par Charles-Quint, qui enlève jusqu'aux vases sacrés des églises; en 1568, le baron de Cipières, l'un des chefs du parti huguenot est assassiné presque sous les yeux des consuls; en 1579, ravages commis par les Carcistes; en 1588, la ville est prise et saccagée par le marquis de Trans, à la tête d'une troupe de ligueurs; en 1589, le baron de Montaut la reprend et y met, au nom du roi, une garnison qui traite la ville en pays conquis; enfin, en 1592, Bernard de La Valette, blessé mortellement sous les murs de Roquebrune, vient rendre le dernier soupir à Fréjus.

Un seul fait est à signaler dans les annales de Fréjus pendant le siècle suivant : c'est la tenue des Etats de Provence, qui s'y assemblèrent en 1630. On y délibéra d'offrir au roi 1,200,000 livres pour le rachat des nouveaux offices, et pour l'aider à chasser les Espagnols qui occupaient les îles de Sainte-Marguerite et de Saint-Honorat. On craignait que l'ennemi ne pénétrât plus avant. Le maréchal de Vitry vint à Fréjus et y laissa des troupes, après avoir mis la ville en état de défense.

Fréjus en fut quitte, cette fois, pour la peur; elle ne vit plus les étrangers jusqu'en 1707. Le 17 juillet de cette année, le duc de Savoie et le prince Eugène traversèrent la ville à la tête d'une armée formidable, dont ils ramenèrent honteusement les débris un mois après.

La ville de Fréjus subit une dernière invasion en 1747. Les Autrichiens s'en emparèrent au commencement du mois de janvier, et ne l'abandonnèrent que dans la nuit du 24 au 25, après l'avoir ruinée.

Avant la révolution de 1789, Fréjus possédait un siége d'amirauté et un bureau de recettes pour les cinq grosses fermes. Son affouagement était de dix-huit feux, et sa population de 2,173 habitants (1). Elle dépen-

(1) La ville de Fréjus avait perdu beaucoup de son importance depuis un siècle. En 1660, elle était affouagée à 60 feux, ce qui donnait à son territoire une valeur cadastrale de 3,300,000 livres. En 1789, cette valeur était réduite à 990,000 livres, soit 18 feux.

dait de la viguerie de Draguignan, qui avait toujours su, depuis le moyen-âge, conserver sa prépondérance sur la ville épiscopale. En 1790, Fréjus devint chef-lieu de district, et eut dans son ressort la ville de Draguignan; mais cet avantage lui fut bientôt enlevé, et elle perdit un peu plus tard le siége épiscopal, ce qui fut pour la ville déchue une rude épreuve.

Pendant ces temps de tristesse, Fréjus reçut deux fois la visite de Napoléon. La première fois, le jeune général revenait d'Egypte et débutait dans cette carrière éblouissante qui devait étonner le monde; la seconde fois, le vainqueur des rois s'acheminait vers l'exil. Quelqu'un fit remarquer, pendant son séjour à Fréjus (du 27 au 28 avril 1814), qu'il y avait une certaine analogie entre cette grande infortune et la détresse d'une ville autrefois splendide, à laquelle il ne restait que des ruines et le nom à moitié réduit du conquérant des Gaules.

L'évêché de Fréjus, rétabli en 1823, a été occupé, avant et après la Révolution, par plusieurs prélats distingués : en 405, par saint Léonce, qui coopéra, avec son ami saint Honoré, à la fondation du monastère de Lérins; en 480, par saint Ausile, martyr de la foi; en 973, par Riculfe, le restaurateur de l'ancienne cité romaine; en 1300, par Jacques d'Ossat, qui devint pape sous le nom de Jean XXII; en 1517, par le cardinal François des Ursins; en 1600, par Barthélemy de Camelin, qui fut choisi comme le plus digne par le brave Crillon, chargé par Henri IV de donner l'évêché vacant au plus honnête homme qu'il connaîtrait; en 1698, par le cardinal de Fleury, qui devint premier ministre de Louis XV, et depuis le rétablissement de l'évêché, par NN. SS. de Richery et Michel, deux saints prélats, animés de la plus ardente charité.

III

ANTIQUITÉS ET MONUMENTS

PORT. — Le port de *Forum-Julii* avait été creusé dans l'intérieur des terres, sous les murs de la ville, et communiquait à la mer par un cheal sinueux de 2,000 mètres de longueur et 100 mètres de largeur. Les navires qu'Auguste envoya dans ce port, après la bataille d'Actium, étaient, selon Plutarque, au nombre de 300. Il ne reste du port et de ses vastes quais que quelques masses de maçonnerie et une petite tour octogone, rendue insignifiante par les réparations qu'elle a subies en 1828.

AQUEDUC. — L'aqueduc qui amenait les eaux de la Siagne à Fréjus, est un des ouvrages les plus étonnants qui existent en ce genre; les arceaux, dont on voit encore de superbes restes non loin de la ville, sur la route d'Italie, sont d'une élévation et d'une solidité extrêmement remarquables.

AMPHITHÉATRE. — Les dimensions de ce monument, dont les ruines sont très-apparentes, font supposer que la population du *Forum-Julii* s'élevait à 30 ou 35,000 âmes; cette conjecture est d'ailleurs corroborée par le nombre et la magnificence des édifices publics, et par la vaste circonférence de l'enceinte de l'ancienne ville. Deux portes de l'amphithéâtre ont été conservées; mais celle qui est située à l'extrémité sud-est se trouve engagée dans des constructions modernes qui masquent une partie de ces ruines intéressantes. Il y avait, en cet endroit, un couvent de Dominicains, transformé aujourd'hui en un atelier où l'on façonne des roseaux pour la fabrication des tissus.

REMPARTS. — Les remparts, d'une étendue de 2 kilomètres, étaient flanqués de plusieurs tours, dont il ne reste que quelques vestiges.

PORTES. — Il en existait quatre : la *porte des Gaules*, la *porte Paticière*, la *porte Dorée* et la *porte Romaine*. La première était précédée d'une esplanade demi-circulaire de 45 mètres de diamètre; au fond s'ouvraient deux portes de dimensions égales; l'entrée était défendue par deux tours, placées aux angles de la demi-lune; la *porte Paticière*, construite dans le même style, était moins monumentale; elle fut comprise comme l'autre dans les fortifications élevées par les soins de l'évêque Riculfe au xe siècle; la troisième, qui servait de communication entre la ville et le port, a été restaurée en 1820; la quatrième, appelée *porte Romaine*, dont on remarque les ruines à 200 mètres de l'entrée actuelle, était formée par deux voûtes parallèles de 8 mètres de hauteur sur 6 de largeur. Elle fut détruite en 1744.

Théatre. — Le théâtre, d'une forme demi-circulaire, était situé près de la *porte Romaine*. Son diamètre était de 71 mètres; l'orchestre avait 28 mètres de longueur. Les restes de ce monument sont cachés en partie par des constructions modernes.

Palais. — Le palais, souvent désigné sous le nom trop ambitieux de *Panthéon*, formait un carré saillant en dehors du rempart et fortifié par un mur qui, en plusieurs endroits, est remplacé par le roc taillé à pic. Ce roc est creusé intérieurement; on y avait pratiqué des galeries et des salles voûtées d'une construction admirable.

Eglise. — « L'église de Saint-Etienne, malgré de nombreuses restaurations plus ou moins récentes, dit M. Mérimée, porte le cachet d'un édifice du xie ou xiie siècle. Ses murs, bâtis à grand appareil, imitent de loin l'aspect d'une construction romaine. Ils sont probablement plus anciens que l'intérieur de l'église. La tour placée sur le côté droit de la nef, carrée à sa base, devient octogone au deuxième étage, qui me paraît une addition du xiiie siècle. Il est surmonté lui-même d'une lourde flèche sans élégance comme le gothique de la Provence. On remarque le baptistère, séparé de l'église par un porche et soutenu par huit colonnes antiques en granit, qui sont surmontées de chapiteaux corinthiens en marbre blanc. »

IV

BIOGRAPHIE

Cornellius Gallus, poète, né en 66 avant Jésus-Christ, fut l'ami d'Auguste. Etant préfet d'Egypte, il fut accusé d'avoir commis des exactions et condamné à l'exil. Il se donna la mort en 26 avant Jésus-Christ. C. Gallus a traduit le poète grec Euphorion, et composé quatre livres d'élégies. Virgile lui a adressé sa dixième églogue.

Cneius-Julius Agricola, général et consul, né vers l'an 30 de notre ère, se fit honorer et chérir comme questeur, tribun et préteur sous Néron et Galba. Nommé consul sous Vespasien, il acheva la conquête de la Bretagne. Il allait pénétrer en Irlande, quand il reçut de Domitien son rappel. Agricola eut pour gendre Tacite, qui nous a laissé une histoire admirable de sa vie. — Le père d'Agricole, *Julius Græcius*, citoyen de Fréjus et intendant de la Gaule narbonnaise, était un sénateur romain, distingué par son éloquence et par sa probité.

Paulinus Valerius, tribun des cohortes prétoriennes, intendant de la province, puis sénateur, était l'ami de Vespasien. Pline et le poète Martial en parlent avec éloges.

Barthélemy Grassy, chanoine de l'église de Fréjus, fut élu évêque de ce diocèse en 1310. Son prédécesseur, Jacques d'Ossat, devenu pape sous le nom de Jean XXII, le chargea, par un bref du mois de février 1317, d'instruire le procès de plusieurs magiciens accusés d'avoir attenté à la vie des cardinaux. Il reçut ensuite la mission de constater les miracles opérés par sainte Rossoline, morte depuis quelques années. Il assista au concile d'Avignon, tenu en 1337, et mourut au mois de mars 1344.

Barthélemy de Camelin, nommé évêque de Fréjus en 1594 sur la présentation de Crillon, fut un prélat distingué par ses vertus et par son savoir. Il mourut le 12 janvier 1637.

Mourenc (François), appartenant à une famille obscure, quitta sa ville natale pour aller en Allemagne, où il conquit, par sa bravoure, le grade de général. Il se distingua au siége de Candie, en 1658. Ebloui sans doute par sa fortune militaire, Mourenc eut la malheureuse pensée d'usurper le titre de marquis de Villeneuve, et d'épouser, sous ce titre d'emprunt, une noble dame Allemande. Celle-ci ayant découvert la supercherie, le fit empoisonner. Il avait envoyé son portrait à la mairie de Fréjus, où il existait encore en 1729, lorsque Girardin écrivait l'histoire de cette ville. Ce tableau portait l'inscription suivante : *Il marchese de Villanova, per la serenissima republica de Venetia, generale de l'arme in Levante, an. Dni. 1658, in Candia.*

Antelmi (Joseph), chanoine de Fréjus et grand vicaire de Pamiers, prieur de Saint-Tropez et de Grimaud, né le 25 juillet 1648, fut un des ecclésiastiques les plus savants de son siècle. Il a laissé des dissertations sur saint Martin, saint Eucher, saint Prosper, saint Léon, saint Athanase, et une excellente étude sur l'histoire religieuse de Fréjus, intitulée : *De initiis ecclesiœ Forojuliensis*. Il mourut le 21 juin 1697.

GIRARDIN (Jacques-Félix), né en 1678, était curé de Cogolin, lorsqu'il écrivit l'*Histoire de la ville et de l'église de Fréjus*, qu'il dédia au cardinal de Fleury, et qui fut imprimée en 1729, sous les initiales suivantes : M. G. C. D. C. D. E. T. (M. Girardin, curé de Cogolin, docteur en théologie). — Il obtint ensuite la cure de Fréjus, sa ville natale, où il se fit aimer et estimer. Girardin publia, en 1750, l'histoire de saint Ausile, patron de Calas, et mourut le 13 juin 1753.

DESAUGIERS (Marc-Antoine), né en 1740, père du célèbre chansonnier, fut lui-même un musicien très-distingué. Il occupa l'emploi de maître de chapelle à Fréjus, puis se rendit à Marseille et de là à Paris, où il se fit un nom parmi les compositeurs les plus estimés. Ses principales productions sont : le *Petit Œdipe*, pièce en un acte, et l'*Amour enfant*, 1779 ; *Florine*, deux actes, 1780 ; les *Deux Sylphes*, 1781 ; les *Jumeaux de Bergame*, 1682, et en 1784 une cantate à deux voix, avec chœur et grand orchestre, pour l'inauguration du buste de Buffon, au musée de Rozier. Il mourut le 10 septembre 1793.

DESAUGIERS (Marc-Antoine-Madeleine), chansonnier et auteur dramatique du plus grand mérite, naquit le 17 novembre 1772. On l'a surnommé l'*Anacréon français*. « Malin sans méchanceté, dit Nodier, il a fait rire aux dépens de tout, et ne s'est jamais permis de faire rire aux dépens de personne. » Desaugiers a presque créé le genre des parodies en pot-pourri ; celle de l'opéra de la *Vestale* obtint autant de succès que ce chef-d'œuvre lyrique lui-même. Il a composé seul ou en société plus de cent vingt vaudevilles ou comédies. Il fit pendant longtemps la fortune du théâtre des Variétés, dont il était le directeur. Honoré de l'estime particulière de Louis XVIII, Desaugiers fut décoré de la Légion-d'Honneur en 1848. Après sa mort, qui eut lieu le 9 août 1827, Louis XVIII accorda à sa veuve une pension de 1,500 fr.

SIEYÈS (Emmanuel-Joseph), né le 3 mai 1748, était fils d'un directeur des postes. Nommé chanoine en Bretagne, puis vicaire général et chancelier de l'église de Chartres, en 1784, il fut le conseiller-commissaire de ce diocèse à la chambre supérieure du clergé de France. Il publia, en 1788, plusieurs écrits, et notamment la fameuse brochure qui portait ce titre : *Qu'est-ce que le Tiers-Etat? Tout. Qu'a-t-il été jusqu'à présent dans l'ordre politique? Rien.* — Il fut élu président de l'Assemblée constituante le 17 juin 1790, et refusa, en 1795, la présidence du Comité de Salut public. En juillet 1798, il fut nommé plénipotentiaire à Berlin. Elu aux Cinq-Cents par le département d'Indre-et-Loire, il revint en France, et fut membre et bientôt président du Directoire. Il prépara, organisa et accomplit le 18 Brumaire avec Bonaparte. Sieyès reçut le titre de comte sous l'Empire. Il fut obligé de fuir, comme régicide, au retour des Bourbons, et se réfugia en Hollande. La révolution de juillet 1830 lui rouvrit la France; il revint siéger dans l'Académie des Sciences morales et politiques, dont il était membre. Il est mort à Paris le 26 juin 1836, ayant accompli sa quatre-vingt-huitième année.

V

CHRONOLOGIE DES ÉVÊQUES DE FRÉJUS, SUFFRAGANTS
DE L'ARCHEVÊCHÉ D'AIX

Le siége épiscopal de Fréjus est très-ancien. On suppose que son établissement remonte au IIIe siècle ; cependant il n'en est fait mention, pour la première fois, dans l'histoire ecclésiastique, que vers la fin du siècle suivant. Ce fut dans une circonstance très-intéressante et qui prouve qu'en l'an 374 Fréjus possédait depuis quelque temps déjà un siége épiscopal, car il s'agissait de l'élection d'un évêque par le peuple, qui pouvait élire en effet, mais qui n'avait pas le droit d'établir un siége là où il n'en existait pas.

Les membres du concile de Valence, tenu en 374, furent appelés à décider si le prêtre Acceptus, qui venait d'être élu évêque par le clergé et le peuple de Fréjus, mais qui, après avoir refusé par humilité cette dignité, s'accusait de crimes imaginaires, pouvait être néanmoins revêtu de l'épiscopat. Les députés de Fréjus prétendaient que la déclaration faite par Acceptus était un pieux mensonge et qu'il fallait passer outre.

Les Pères du Concile ne crurent pas devoir approuver cette élection. « Quoique nous n'ignorions pas, dirent-ils, que plusieurs par pudeur et quelques autres par la crainte d'être chargés de l'épiscopat (ce qui est une marque de sainteté), ont dit des choses fausses contre eux-mêmes pour éloigner cette dignité de leur personne, il a été résolu, dans notre Concile, que si quelqu'un avait dit des choses vraies ou fausses contre soi-même, il fallait ajouter foi à son propre témoignage. »

On ne connaît pas l'évêque qui fut nommé à la suite de cette décision. Voici la liste des prélats qui ont occupé le siége épiscopal de Fréjus à partir de saint Léonce, qui est le premier évêque de ce diocèse dont l'existence soit connue.

405. — Saint Léonce, ami de saint Honoré, fondateur de l'abbaye de Lérins.

433. — Théodore, abbé des îles d'Hyères.

460. — Saint Léonce II est envoyé prisonnier en Afrique par les Wisigoths et meurt en l'an 481.

481. — Saint Ausile souffre le martyre en 483.

506. — Saint Victorin députe le prêtre Jean au Concile d'Agde.

536. — Didier se fait représenter au Concile d'Orléans.

549. — Expectat envoie un député au 5e Concile d'Orléans en 549, et assiste au 2e Concile de Paris, en 552.

574. — Epiphane était évêque de Fréjus, quand les Lombards s'emparèrent de cette ville. Il alla se réfugier à Marseille, où il mourut en 582.

(Depuis la fin du vi^e siècle, jusqu'au moment où les Sarrasins furent expulsés de la Provence par le comte Guillaume Ier, c'est-à-dire en 973, le siége de Fréjus demeura presque toujours vacant ; du moins ne connaît-on les noms que d'un petit nombre d'évêques et encore n'est-on pas certain qu'ils aient occupé ce siége. Girardin, dans son

Histoire de Fréjus, donne sans preuve les noms suivants : Astier, 585 ; Rustique, 590 ; Jacques, 595 ; Romain, 600 ; Betton, 650 ; Deodatus, 669 ; Humbert, 675 ; Paulin, 804 ; Augier, 815 ; Benoit, 894 ; Gontier, 946 ; Jean, 960.)

974. — Riculfe obtint en 974, de Guillaume Ier, la concession en faveur de l'église de Fréjus, de la moitié des droits possédés par les comtes de Provence, sur cette ville et son territoire. Riculfe fut, en quelque sorte, le second fondateur de Fréjus.

L'existence des évêques dont les noms vont suivre est attestée par des documents authentiques, mais on ne sait sur leur épiscopat aucun fait qui mérite d'être rapporté.

1000. Pierre Ier. — 1015. Bérenger II. — 1038. Gausselin. — 1044. Bertrand Ier. — 1094. Bérenger II. — 1131. Bertrand II. — 1150. Guillaume Ier. — 1153. Pierre II. — 1173. Bertrand III. — 1179. Frédole. — 1194. Bérenger III. — 1195. Guillaume Dupont. — 1206. Raymond Cornuti. — 1201. Bertrand de Saint-Laurent. — 1234. Olivier. — 1235. Raymond II.—1248. Bérenger IV.—1256. Bertrand V.— 1264. Pierre III. — 1266. Guillaume IV. — 1286. Bertrand VI.

1300. — Jacques d'Ossat, précepteur des enfants de Charles II, roi de Sicile et comte de Provence, fut élu évêque de Fréjus en 1300. Transféré à l'évêché d'Avignon en 1310, il fut créé cardinal en 1312, et élu pape le 7 août 1316.

1310. — Barthélemy de Grassé, né à Fréjus, succéda à Jacques d'Ossat. Il fit des statuts qui ont été observés jusqu'à la Révolution de 1789, et qui étaient appelés : *Statuta antiqua*.

1343. — Guillaume d'Aubussac ne siégea que pendant six mois : de juin à novembre 1343.

1343. — Jean d'Arpatelle est connu par ses richesses, dont il fit un excellent usage. Il en distribua une partie aux pauvres et laissa à l'église de Fréjus un grand nombre de vases sacrés en or et de joyaux, qui furent enlevés par Charles-Quint, en 1536.

1359. Pierre IV. — 1359. Guillaume Amici. — 1360. Pierre V. — 1361. Guillaume de Ruffec. — 1364. Raymond Dracon. — 1368. Guillaume de la Font. — 1373. Bertrand de Villemurs. — 1385. Louis de Bolhiac.

1406. — Gilles le jeune, conseiller des rois de France et de Sicile, fut envoyé comme ambassadeur à la cour de France par Yolande, reine de Sicile et comtesse de Provence, assista au concile de Pise, et fonda une collégiale à Lorgues, en 1429 Il mourut la même année.

1431. — Jean de Billard assista au concile de Bale, en qualité d'ambassadeur de Louis III, roi de Sicile et comte de Provence.

1449. — Jacques Juvenat des Ursins se démit de l'archevêché de Reims, pour venir occuper l'évêché de Fréjus, qui lui avait été offert par les députés du chapitre de cette église.

1452. — Jean Séguin, prieur de Saint-Martin-des-Champs, de Paris.

1455. — Jean de Bellai, abbé de Saint-Florent, fut élu le 7 novembre 1455 et permuta avec Léon Guérinet, évêque de Poitiers, en 1461.

1461. Léon Guérinet, ancien conseiller au Parlement de Paris, ex-évêque de Poitiers.

1473. — Urbain de Fiesque, secrétaire de Sixte IV, fut nommé directement par ce pape, sans la participation du chapitre, ni le consentement du roi René Le chapitre refusa de l'installer, et, pour le punir, le pape irrité interdit l'église de Fréjus. Ce fut pendant cette interdiction, que des pirates s'introduisirent par surprise dans la ville et y commirent toute sorte d'excès. Urbain de Fiesque ne fut reconnu et ne prit possession de l'évêché qu'en 1477.

1486. — Robert de Briçonnet, frère du cardinal Guillaume, fut élu en 1486. Il se démit l'année suivante, pour aller occuper le siége métropolitain de Reims.

1488. — Raymond d'Ancezune de Caderousse refusa l'évêché de Fréjus, qui lui avait été offert par le chapitre.

1489. — Rostan d'Ancezune, frère du précédent, accepta l'évêché. Il fut transféré à l'archevêché d'Embrun en 1495.

1496. — Nicolas de Fiesque, fils du comte de Lavagne et frère de sainte Catherine de Gênes, occupa le siége de Fréjus depuis 1496 jusqu'en 1512, époque où il fut nommé cardinal.

1512. — Urbain de Fiesque, neveu et coadjuteur de Nicolas, lui succéda.

1517. — François des Ursins, cardinal, se fit représenter par son neveu Léon.

1533. — Léon des Ursins, titularisé en 1533, siégea jusqu'en 1564.

1565. — Bertrand de Romans, chanoine de Saint-Sauveur et conseiller au Parlement d'Aix.

1579. — François de Bouliers, abbé de Lérins et de Bonport.

1587. — Gérard Bellanger, né à Fréjus. Il fut député par les seigneurs de Provence à l'assemblée convoquée à Paris par le duc de Mayenne en 1593. Son attachement pour la Ligue le fit condamner à l'exil par le Parlement d'Aix.

1594. — Barthélemy de Camelin, nommé en 1594 par Henri IV, ne reçut ses bulles qu'en 1599.

1637. — Pierre Camelin, neveu du précédent et son coadjuteur depuis 1621, lui succéda en 1637.

1654. — Joseph-Zongo Ondelei, ami de Mazarin, se fit remarquer par sa charité envers les pauvres, auxquels il laissa une grande partie de ses biens.

1674. — Antoine-Benoit de Clermont Tonnerre Crusy, s'occupa très-activement de la construction du séminaire, qui fut achevé sous son épiscopat, etqu'il dédia à saint Léonce, en le déclarant patron du diocèse. (Mai 1677.)

1680. — Luc d'Aquin fut transféré de l'évêché de Saint-Paul-Trois-Châteaux à celui de Fréjus.

1697. — Louis d'Aquin, son neveu, lui succéda.

1698. — André-Hercule de Fleury, aumônier de Louis XIV, fut nommé à l'évêché de Fréjus le 1er novembre 1698, et donna sa démission en 1715, quand le roi, par son testament, l'eut désigné pour remplir les fonctions de précepteur de son petit-fils. Il devint cardinal et premier ministre sous Louis XV.

1715. Joseph-Pierre de Castellane, vicaire-général d'Aix, fut nommé le 18 juin 1715.

1739. — Martin de Bellei, nommé le 13 décembre 1739, donna sa démission en 1766.

1766. — Emmanuel-François de Beausset de Roquefort, né à Marseille, chanoine et comte de Saint-Victor, fut sacré le 31 juillet 1766. Il occupait encore le siége de Fréjus lorsque la Révolution éclata. Il émigra, et mourut à l'étranger en 1801.

Un décret du 12 juin 1790 avait réuni les évêchés de Toulon, de Grasse, de Vence et une partie de celui de Sénès à l'évêché de Fréjus; mais pendant la tourmente révolutionnaire ce siége demeura vacant, et lorsque l'exercice du culte fut rétabli par le concordat de 1801, il fut lui-même supprimé et sa circonscription englobée dans celle du diocèse d'Aix.

Le concordat de 1817 comprit la ville de Fréjus parmi celles qui devaient être pourvues d'un évêché; ce ne fut cependant qu'en 1823 que le rétablissement de ce siége s'effectua. Le nouvel évêque, CHARLES-ALEXANDRE DE RICHERY, sacré à Paris le 20 juillet 1823, fit son entrée solennelle à Fréjus le 1er octobre. Toutes les autorités du département assistèrent à son installation, qui fut l'occasion d'une grande fête; le soir il y eut illumination générale dans la ville.

Mgr de Richery, fut transféré en 1829 à l'archevêché d'Aix, où il mourut le 25 novembre 1830. Il était né à Allons (Basses-Alpes), le 31 juillet 1759. Sa vie, qui fut celle d'un saint, a été écrite par un avocat distingué de la cour impériale d'Aix, M. Jules de Séranon.

1829. — LOUIS-CHARLES-JEAN-BAPTISTE MICHEL, né à Aix le 12 juillet 1761, curé de la paroisse N.-D. de Toulon et vicaire-général du diocèse, fut sacré évêque de Fréjus, le 21 septembre 1829. Il remplit ce siége avec autant de charité et de distinction que son prédécesseur, et mourut en 1845, dans sa quatre-vingt-quatrième année.

1845. — CASIMIR-ALEXIS-JOSEPH WICART, né à Méteren (département du Nord), le 4 mars 1799, fut nommé évêque de Fréjus, le 12 mars 1845, préconisé le 26 avril et Sacré dans l'église métropolitaine de Cambrai le 11 juin de la même année. Il fut transféré à l'évêché de Laval en 1855.

1855. — JOSEPH-ANTOINE-HENRI JORDANY, né à Puimoisson (Basses-Alpes), le 13 septembre 1798, a été nommé évêque de Fréjus par décret impérial du 6 novembre 1855, préconisé le 17 décembre, et sacré à Paris le 25 février 1856.

(*Extrait du* Propagateur du Var).

Toulon. — Imprimerie H. VINCENT, rue Neuve, 20.

www.ingramcontent.com/pod-product-compliance
Lightning Source LLC
Chambersburg PA
CBHW071449060426
42450CB00009BA/2352